우리가
바꿀 수 있어요
세상을 바꾸는 예술의 힘

'A Song for Soweto' by June Jordan on page 25 is copyright © 2005, 2021 June Jordan Literary Estate.

Additionla image credits appear on page 79

First published in the UK by Big Picture Press, an imprint of Bonnier Books UK,

West Wing, The Granary, Birdham Road, Chichester, West Sussex, England, PO20 7EQ

www.templarco.co.uk/big-picture-press

www.bonnierbooks.co.uk

Korean translation rights © 2022 by ITER

Korean translation rights are arranged with Bonnier Books UK Ltd through AMO Agency Korea.

이 책의 한국어판 저작권은 AMO 에이전시를 통해
저작권자와 독점 계약한 이터에 있습니다.
저작권법에 의해 한국 내에서 보호를 받는 저작물이므로
무단 전재와 무단 복제를 금합니다.

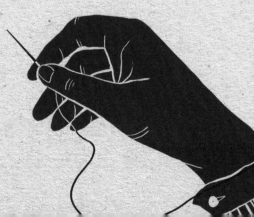

우리가
바꿀 수 있어요
세상을 바꾸는 예술의 힘

디 니콜스 지음 | 김정한 옮김

그림
디아나 다가디타
사도
올리비아 트위스트
몰리 멘도자
디에고 베카스

놀이터

"모든 사람에게

못하는

아무것도

"ART IS NOTHING IF YOU DON'T REACH

도달하지

예술은

아니다."

EVERY SEGMENT OF THE PEOPLE."

-키스 해링

03 청소년 리더십과 전 세계의 저항 예술

04 저항 예술의 새로운 미래

어린 시절 인종차별이 심한 미국의 미시시피와 테네시 주에서 자란 저는 일찍부터 세상에 존재하는 사회적 불평등과 부조리에 눈을 떴습니다.

제 피부가 검다는 이유로 저를 싫어하고 괴롭히는 이들에 맞서 저를 지켜내야 했던 일이 생각나네요. 제가 가장 즐겨 보던 TV 쇼에서는 어떤 사건이 벌어진 배경과 원인을 과감하게 보여주었는데, 그 덕분에 남아프리카공화국의 인종차별 정책과 경찰의 만행, 세계적인 에이즈 위기, 역사적인 시민평등권 운동 등에 대해서도 배울 수 있었습니다.

저는 미디어가 지식을 넓히는 데 큰 힘을 발휘한다는 것을 알게 되었어요. 그래서 10대 시절부터 주변에서 일어나는 사회 문제들, 예를 들면 9/11 사태, 허리케인 카트리나, 제나 식스 재판(흑백 인종차별 사건) 등을 반영한 예술을 창작하기 시작했답니다. 2014년 백인 경찰이 비무장 흑인 청소년을 사살한 퍼거슨 사건 당시에는 현장에서 예술운동가로 활동했어요. 그러면서 집단의 목소리를 높이기 위해 사람들을 한데 모으는 수단으로서 예술을 효과적으로 활용하는 경험도 갖추게 되었지요.

이 책에서 여러분은 사회적 불평등에 항의하고
다양한 사람들의 권리와 자유를 지키기 위해 창작된
전 세계의 많은 예술 작품들과 캠페인을 통해 굽히지 않고
맞서는 방법, 즉 '저항의 예술'을 배울 수 있을 것입니다.
제 경험담뿐 아니라 수많은 리더와 예술가들, 젊은이들,
그리고 평범한 사람들의 이야기도 듣게 될 거예요.
신중하게 단체를 조직하고, 다른 사람들과 함께 작품을 만들어,
창의적으로 사회를 움직이고 변화시키는 데 도움이 될 만한
여러 가지 방법과 전략들도 공유할게요.
예를 들면 간단한 항의 표지판 만들기, 현수막 디자인,
조각품 제작, 플래시몹 조직, 사회적 의미를 갖춘
예술 작품 제작 등 다양한 예술 활동을 소개하겠습니다.

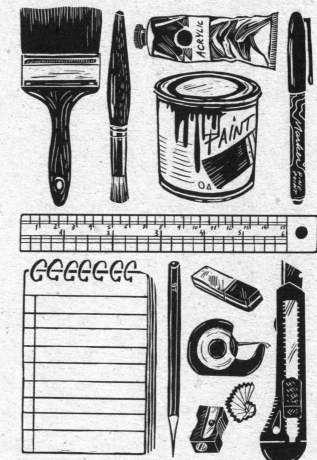

이 책을 읽고 나면 여러분에게 중요한
여러 사회 문제들의 원인과 해법,
세계적 관심 사안에 대해 더 큰
목소리를 낼 수 있을 거예요.
우리 사회는 정의를 위한 운동과 전 지구적
기후 문제 및 질병과의 싸움을 끊임없이
해오고 있습니다.
어느 곳에 살든, 어떤 언어를 쓰든,
어떤 대의를 선택하든, 여러분이 더
나은 세상을 만드는 데 예술을 적극
활용하기를 희망합니다.

01 세상을 움직이고 바꾸는 예술의 힘

퍼거슨에서 예술운동가로 활동한 나의 이야기

2014년 8월 9일, 10대 흑인 청소년 한 명이 자신의 할머니네 동네에서
길을 걷다가 백인 경찰관이 쏜 총을 맞고 숨졌다. 이 사건을 알게 된 뒤로
나의 고향 미주리 주 세인트루이스의 많은 사람들이 그랬듯이,
내 인생도 완전히 바뀌었다. 희생자의 이름은 마이클 브라운 주니어였다.
언론에 사진이 찍히고, 깜짝 놀란 사람들이 몰려드는 동안 그의 시신은
4시간 30분 동안 길바닥에 방치되었다.
이후 며칠 동안 수백 명의 시민들이 희생자가 살던 미주리 주 퍼거슨에서
경찰에 항의하는 시위행진을 했다. 나도 그들 중 하나였다.
매일 밤 시위에 참여한 뒤 나는 더 많은 일을 하고 싶어졌다.

그 당시 나는 지역 현대미술관의 교육자였다.
막 사회복지대학원을 마친 상태였고,
지역 내 모든 학교와 이웃, 예술가들과 협업하는
지역 기반 예술가 겸 디자이너로도 활동하고 있었다.
퍼거슨 봉기와 관련해 나는 뜻을 함께하는 이들이
기부를 하고 현장에서 사람들에게 자원을 나누는
일을 돕는 디지털 플랫폼 '정의연대(Connected
for Justice)'를 만들었다. 또 시위에 참여한
사람들의 이야기를 품격 있게 담아낸 사진
시리즈 '사회운동가들의 얼굴(Faces
of the Movement)'
을 개발하기 위해

한 사진작가와 협업을 했다. 그리고 나의 가장 친한 친구
소피와 함께 나는 시위 현장의 이웃과 가족들의 이야기를
담은 '유나이티드 스토리(United Story, 단결한 이야기)'라는
영상물 시리즈를 찍기 위해 집집마다 찾아다녔다.
우리 '예술운동가(예술로 사회운동을 하는 사람)' 집단의
다른 사람들도 '손 들었으니 쏘지 마세요' 같은
운동 구호로 작품을 만들어 시위 메시지를
전파하기 위해 공공 장소에서 플래시몹을 펼치고
게릴라 전시회를 열었다.

거울로 만든 관 '미러 캐스킷'

사회운동을 하는 예술가들과 내가 공동으로 작업한 프로젝트 중에서 가장
유명한 것은 '미러 캐스킷(The Mirror Casket, 거울로 만든 관)'이다.
이 프로젝트는 첫 시위 직후 내가 꾼 일련의 꿈에서 영감을 얻었다.
꿈에 거울로 만든 관을 들고 밤길을 걷는 남자들이 여러 차례 나타났다.
나는 이 장면을 머릿속에서 떨칠 수 없었다. 그래서 가능한 한 많은 예술가들에게
연락해 이를 살릴 수 있도록 도움을 청했고, 여섯 명의 예술가가 참여하겠다고
응답해주었다. 몇 주 만에 우리는 함께 재료를 모으고, 관을 디자인하고,
제작했다. 그런 다음 이 관을 들고 마이클 브라운 주니어가 살해된 거리에서부터
밤마다 수많은 사람들이 모여 시위를 벌이던 경찰서까지 행진했다.

'미러 캐스킷'은 처음 시위에 사용된 이후 지역 곳곳에서 이어진 행진에 등장했으며,
주 의사당을 포함해 미주리 주 전역에 전시되었다. 그다음 해에는 관심을 보이던
스미스소니언 연구소가 워싱턴 D.C.에 개관한 국립 미국흑인역사문화박물관을 위해
이 작품을 인수했다. 미국의 사회운동가 안젤라 데이비스는 스미스소니언 잡지에
이 관을 주제로 '저항 예술'이라는 제목의 기사를 쓰기도 했다.

결국 '미러 캐스킷' 프로젝트와 다른 시위 예술작품들을 통해 얻게 된 대중의
인식 덕분에 나는 수십 명의 예술가들을 만나고, 연결하며, 함께 일할 수 있었다.
이들은 여성의 권리, 성 소수자 문제, 인종 차별, 기후 정의 및 교육을 다루는
많은 창작물과 공연, 영상물, 심지어 의류까지 구상하고 개발하였다.
우리는 풀뿌리 단체와 조직들의 로비활동을 돕고,
공동체가 더 공평하게 잘살 수 있는 정책 변화에 영향을 주기 위해
예술을 활용했다.

사회 운동에서 예술이 중요한 이유

시위를 위해 제작된 대부분의 예술작품들이 박물관에 인수되는 것은 아니다. 이는 사회운동가와 예술가가 추구하는 공동작업의 목표도 아니다. 이들의 목표는 사회운동을 불러일으킨 직접적인 원인을 작품에 반영하고, 문제에 저항하며 변화를 끌어내는 데 있다. 세상을 움직이고 바꾸기 위해 이들은 시위행진, 소셜미디어 캠페인, 공공 장소에서 펼치는 게릴라 예술 등 다양한 영역에서 예술을 사용한다. 이같은 '저항 예술'은 더 많은 사람들에게 사회 문제를 알리고, 집단적인 목표와 메시지를 세상에 전달한다. 이를 통해 변화의 비전을 상상하고, 그것을 실행에 옮기도록 설득하는 사회운동에 큰 도움을 준다.

대중에게 알리기

공공 장소에서 저항 예술은 사람들이 사회 문제를 쉽게 알 수 있는 강력한 수단이 된다. 예를 들면 '초크드 언암드(Chalked Unarmed, 분필로 그린 비무장인)' 프로젝트는 공공 행위 예술가이자 '미러 캐스킷'의 공동 창작자인 멀로리 네잠의 게릴라 예술 시리즈였다. 이 프로젝트는 시민 협력자들을 초청해 마치 경찰의 살인 피해자 윤곽선 같은, 사람 모양의 분필 윤곽선을 지역 도로 위에 그리도록 했다. 각각의 윤곽선은 경찰관에게 살해된 희생자의 이름, 날짜, 장소로 채워졌다.

눈에 띄는 메시지 만들기

전 세계 시위 현장에서 사람들은 자신들이 유도하려는 행동을 판지와 포스터, 현수막에 쓰거나 그리는 경향이 있다. 개별 목소리를 듣기 어려운 대규모 행진에서는 이같은 신호체계를 통해 서로의 메시지를 읽는다. 이러한 제작물은 풍부한 창의성과 열정의 결과물이다.

변화를 위한 비전 상상하기

저항 예술은 공동체가 어떻게 더 나아질지에 대한 언어를 개발하고 비전을 만드는 데 효과적이다. '미러 캐스킷' 같은 프로젝트는 관객들이 스스로를 다른 시각으로 들여다보게 하고, 희생자들에게 공감하게 하는 반면, 어떤 작품들은 사람들이 새로운 현실을 상상하고 앞으로 나아가게 한다.

행동에 영향 주기

'탈식민지 운동'이나 '핍박자들의 극장'과 같은 프로젝트는 공연, 플래시몹, '스펙트-액션(관객 중 한 명이 공연의 일부가 되는 것)' 등의 기법을 활용한다. 이를 통해 전 세계 사람들과 만나고 정의와 평등이 어떻게 실현될 수 있는지를 탐구한다. 저항 예술은 조직과 정부 리더들이 정책을 변경하고, 부당한 곳에 대한 보이콧을 하며, 유해 기업의 이익을 박탈하고, 폭력적이거나 불평등한 공공 행위를 중단하라는 요구와 직결된다. 예를 들면 '핍박자들의 극장'은 2016년 주거 혜택을 받으려고 애쓰는 사람들의 실제 경험을 바탕으로 '하우징 서커스(The Housing Circus)'라는 연극을 공연했다. 이들은 뉴욕에 사는 성 소수자들과 참전용사들의 관점에서 정책 변화를 제안하기 위해 이 공연을 활용했다.

기존 현상에 도전하기

저항 예술의 일반적인 영향 중 하나는 사회의 규범과 규칙에 맞서는 것이다.
엘리자베스 베가, 아이 웨이웨이, 뱅크시 같은 예술가들은 '반대의 목소리'를
내기 위해 예술을 활용하는 데 익숙한 사람들이다. 이러한 예술 작품들은
기존의 소재와 방식을 빌리지만 목적에 맞게 가공된다. 광고, 건물,
기념물, 뉴스 기사, 정치 연설문 등에서 나온 메시지를 재구성해
위선, 낡은 메시지, 또는 결점을 지적하는 것이다.

우리도 해보자!

1. 알고 있는 모든 사회
문제를 목록으로 작성하기.

그 목록에서 가장 중요하다고 생각되는
항목 두세 개에 동그라미를 치세요.
그 문제들을 세상에 널리 알리기
위해 예술을 어떻게 활용할 수
있는지, 또한 예술이 문제 해결에
어떤 도움이 될 수 있는지에 대해서
자유롭게 의견을 나눠보세요.

2. 관심 있는 일을 중심으로
예술운동가 팀 조직하기.

저항 예술 활동 중 하나는 세상을
바꾸기 위해 여러분의 목소리를
높이고, 다른 사람들과 힘을 합치는
것이랍니다. 친구나 가족 중 누구와 함께
예술 작품을 창조할 수 있을까요?
아는 사람들의 목록을 만들고
그들에게 연락해 여러분의
생각을 공유해보세요.

3. 항의 팻말 만들기.

하고 싶은 말을 쓰거나 그림을
그리세요. 마커나 판지와 같은
재료를 모아 집 주변에 항의 메시지를
담은 팻말을 만들어보세요.

4. 상자 등 일상생활에서
나오는 재료를 사용해 조형물 만들기.

이 조형물은 시위 행진에서
운반될 수 있고, 다른 장소에
설치되거나, 공공 장소에서
사용될 수도 있답니다.

내가 아는 한
예술가의
의무는
시대를
반영하는
일이다...

니나 사이먼

02 어떻게 예술로 세상을 바꿀 수 있을까?

내가 처음 저항 예술을 만났을 때

'미러 캐스킷' 같은 작품을 공동 창작하기 전, 저항 예술에 대해 내가 알고 있는 거라곤
고향에 있는 시민의 인권 박물관에서 본 예술 작품들이 전부였다. 나는 미시시피 주의
시골에서 어린 시절을 보냈다. 이후 우리 가족은 테네시 주 멤피스로 이사했는데,
이곳은 1968년 마틴 루터 킹 주니어 목사가 로레인 모텔 발코니에서 백인 우월주의자
제임스 얼 레이에게 암살된 사건으로 유명하다. 이후 로레인 모텔은 1991년 국립 인권
박물관으로 탈바꿈해 킹 목사를 추모하고 1960년대 인권운동의 업적을 기리는 장소가 되었다.

당시 킹 목사는 두 명의 환경미화원이 고장 난 청소차에 치여 사망한 후 공정한 임금과 안전한 작업 환경을 요구하며 파업을 벌이던 동료 환경미화원들을 지지하는 연설을 하기 위해 멤피스에 머물고 있었다. 파업과 노동자 행진의 상징이 된 예술 작품 중 하나는 '나는 사람이다(I AM A MAN)'라고 적힌 포스터였다. 이 포스터는 운동가들과 노조 간부들의 아이디어였다. 킹 박사의 죽음에 따라 전국적으로 일어난 폭동과 시위 이후 '나는 사람이다' 포스터는 '킹 목사를 경외하라: 인종차별을 끝내라!'라고 적힌

포스터와 함께 계속 사용됐다. 이 포스터들은 미국흑인들의 존엄성을 세상에 알리는 데 도움이 되었다.

이와 동시에 미국과 세계 곳곳에서 학생 운동, 베트남 전쟁 반대 운동, 여성 운동, 동성애자 권리 운동, 환경 운동 등 수많은 사회운동이 일어났다. 1980년대를 거쳐 2000년대에 들어서도 '아랍의 봄', '월가를 점령하라' 같은 문화혁명들이 전 세계에서 지속되었다. 이번 장에서는 이러한 시위들과 거기에서 탄생한 예술에 대해 더 자세히 살펴보자.

저항 예술이란 무엇일까?

저항한다는 것은 어떤 사안에 '반대한다'는 의미다.
저항 예술은 그러한 반대를 표현하는 시각적 수단으로서,
다른 사람들에게 알리기 위해 만들어지고 사용된다.
즉 어떤 사회적 문제에 대해 대중의 반대를 선언하고
이를 해결하기 위한 행동에 동참하도록
다른 사람들을 설득하는 작업이다.

행동주의는 사회에 변화를 일으키려는 열망을 가지고
사회, 정치, 경제, 환경 개혁에 적극 참여한다.
저항 예술은 이 행동주의를 위해 사용되는 많은 예술
형식 중 하나다. 예술적 행동주의 즉 '아티비즘(artivism)'
은 긍정적인 변화를 추구하기 위해 행동주의와
시각적·행위적·경험적 예술의 창조적 힘을 결합한다.
아티비즘에는 저항 예술 외에도 다음의 분야가 포함된다.

크래프티비즘

'크래프티비즘(craftivism)'은 퀼트, 종이접기,
뜨개실 폭탄(형형색색의 뜨개실로 공공 시설물이나
가로수 등을 허가 받지 않고 장식하는 것) 등 공공 장소에서
어떤 쟁점 사안에 대한 인식을 높이는 데 사용되는
다양한 직접 만들기(DIY) 활동을 포함한다.

홍콩의 거리 시위에서 청년 조직원들은 저항과
민주주의에 대한 열망을 표현하는 비폭력의 상징으로
수천 개의 종이학을 만들었다. 종이학 접기는 전 세계
사람들이 시위 참여자들과 단단히 연대하고 있음을
보여주는 방법이 됐다.

거리 예술

일반인들이 잘 볼 수 있도록 고안된
거리 예술은 저항 예술가들의 중요한
활동 무대다. 벽화, 낙서(그래피티), 스티커 붙이기,
게릴라 예술, 플래시몹, 기타 공연 등이 포함되며,
공공 건물과 공터 등 다양한 상황과 장소가 이용된다.

타티야나 파즐라리자데는 여성들이 공공 장소에서
흔히 당하는 길거리 괴롭힘에 항의해
'여성에게 웃으라고 말하기를 멈추라'라는
프로젝트를 기획한 예술가이다.
그녀는 도로, 공사장 근처, 술집과 식당 밖에서 여성을
대상으로 일어나는 성희롱에 항의함으로써
이 문제가 얼마나 만연해 있는지 설명한다. 또한,
집단적인 목소리를 내기 위해 괴롭힘을 경험한
여성들의 얼굴과 이야기를 공공 장소에 그린다.

라틴계 벽화 작가인 미셸 안젤라 오르티스는 코스타리카,
에콰도르, 멕시코, 아르헨티나, 스페인, 베네수엘라,
온두라스, 쿠바에 전시된 '오르굴로 오톰과
파밀리아스 세파라다스'와 같은 작품들을 만들었다.
그녀의 작품은 이민 과정에서 마주치는 여성, 어린이,
가족들의 이야기를 담고 있으며, 그들의 도전과
승리를 주로 그려낸다.

게릴라 예술

익명성을 기반으로 하는 게릴라 예술은 영국에서 시작된
거리 예술의 한 종류다. 풍자적이거나 대담한 정치적
메시지를 시각적으로 나타내기 위해 사용된다.
스티커, 낙서, 분필로 도보에 낙서하기, 회보 또는
임시 조형물을 활용해 사전에 허가받지 않고 공공 장소에서
기습적으로 행사를 치른 후 신속하게 빠지는 형식을
취하기도 한다.

게릴라 걸스(Guerrilla Girls) 같은 단체들은 예술계의
성차별과 인종차별에 대한 관심을 불러일으키는 공연이나
공공 예술을 제작할 때 마스크를 착용한다.
영국의 예술가 뱅크시는 사회적 이슈, 부당성, 정치적
주제에 대해 풍자를 담은 논평을 하기 위해 거리 예술과
벽화를 활용한다.

공공 장소에서의 공연 예술

플래시 댄스 몹에서부터 즉흥공감극장(플레이백시어터)과
공공 광장에서의 뮤지컬 공연에 이르기까지, 공연 예술은
저항을 가까이에서 접할 수 있는 방법 중 하나다.
공연의 종류에 따라 강력한 조직력(그리고 때로는 안무)을
통해 그 규모를 한 명에서 수백 명까지 쉽게
확장할 수 있다.

드러눕기 농성은 1960년대 시민인권운동 동안에 유행한
연좌 농성에서 비롯된 인기 있는 시위 형태다.
연좌 농성은 인종차별에 항의하는 시위자들이 버스,
식당, 기타 공공 장소 등을 차지하고 바닥에 주저앉아
자신들의 요구가 관철될 때까지 운영을 방해하는 방식이다.
드러눕기 농성은 연좌 농성의 개념을 확장한 것으로,
인신매매, 경찰의 잔혹성, 폭력, 환경적 부당성,
동물 권리와 같은 문제에 대한 인식을 높이기 위해
쇼핑몰, 도로 교차로, 공원 등 장소를 가리지 않고
사람들이 바닥에 드러눕는 방식이다.

1990년대 미국의 장애인 인권운동가들은 드러눕기 농성을
변형하여 강력한 시위를 주도했다.

이들은 미국 장애인법(ADA) 통과를 주장했는데,
60여 명의 시위대가 휠체어, 목발, 도우미를 버리고
국회의사당 건물 계단을 기어 올라갔다. '의사당을 기어가는
사람들(Capitol Crawlers)'이라는 단체가 주도한 이 시위는
공공 장소가 공평하고 평등한 접근과 치료를 위해
공공 장소에 편의시설을 갖추게 함은 물론 장애인을 향한
차별을 멈추게 할 정책의 필요성에 대해 목소리를 높였다.

투영 예술

예술가들이 사진, 비디오, 그래픽 디자인, 기술 등을 활용해
공공 장소의 거리와 벽에 변화를 위한 메시지를 투영하는,
일이 점점 많아지고 있다. 2020년 미국에서 인종차별 반대
시위가 일어나는 동안 연방정부의 건물 벽과 외관,
기념비 설치대는 시위대의 요구를 시각화하고 경찰의
잔혹함에 희생된 사람들을 추모하는 중요한 캔버스가 됐다.
폴란드의 산업 디자이너 크리슈토프 보디치코는 저항을 위해
투영 예술을 활용하는 것으로 유명하다. 그는 폴란드가 나치에
투항한 바르샤바 게토(유대인 강제 거주 지역) 봉기가 일어난
시기에 나고 자랐으며, 전 세계 80여 곳 이상에 전시되어 있는
그의 작품은 전쟁, 종교 갈등, 이민, 문화적 트라우마 등의
주제를 다루고 있다.

정치 예술

때로 신문을 펼치면 저항 예술이 쉽게 눈에 띈다.
정치 풍자 만화와 삽화는 인쇄 출판물이 만들어지기
이전부터 불공정한 정책이나 부패를 폭로하는 주요한
수단이었다. 정치 예술은 비판을 표현하기 위해 종종
캐리커처, 풍자, 반어법 등을 사용한다. 이런 묘사 방식은
표적 대상에게 엄청난 공개적 모욕감을 줄 수 있기 때문에
정치 예술가들은 종종 소송을 당하거나 비웃음을
사기도 한다. 시리아의 예술가 알리 페르자트는 중동에서
가장 영향력 있고 유명한 정치 예술가 중 한 명으로,
1만 5천여 점 이상의 캐리커처와 풍자화를 그렸다.
2011년 몇몇 반정부 만화가 발행된 뒤 페르자트는 공격을
받고 망명을 떠나야 했다.

문화 훼방

문화 훼방은 기존의 광고 시각물, 단어, 플랫폼 등을
혼합해 문화적 이미지를 조작하고 원래의 이미지를
반박하거나 전복시키는 작업을 통해 대중매체와
소비문화를 어지럽히는 저항 방식이다.
'비틀기(subvertising)'라고도 한다. 익숙한 내용에 대한
기대감으로 시청자들의 관심을 끈 다음 자극적인
메시지로 뒤흔들기 때문에 가장 두드러진 저항 형태 중
하나로 꼽힌다. 문화 훼방의 예로는 도플갱어(누군가와
똑같이 생긴 사람이나 동물을 비유적으로 이르는 말) 브랜드,
플래시몹(불특정 다수가 정해진 시간과 장소에 모여 계획된
행동을 하고 곧바로 흩어지는 것), 핵티비즘(정치·사회적
목적을 달성하기 위해 목표물인 서버 컴퓨터를 해킹하거나
무력화하는 기술을 만드는 운동) 등이 있다.
2020년 미국 대통령 선거 당시 백악관 외부 게시판에
디자이너들이 경찰에 의해 살해된 흑인의 이름을
붙여놓은 일이 있었다. 일부 게시판에는 경찰의 잘못된
현장 단속 도중 총격을 받아 사망한 젊은 흑인 의료인을
기리며 '브레오나 테일러에게 투표하라'는 문구가 적혀
있었다. 이 게시판은 '용감한 대화 국제 재단(Courageous
Conversation Global Foundation)'이 '그들(희생자들)을
위한 투표'라는 캠페인의 일환으로 만들었다.

사진

사진의 힘은 저항에 대한 대중의 인식을 바꿀 수 있다.
이는 사진기자, 초보 다큐멘터리 작가, 심지어
브이로거들의 역할을 매우 비판적으로 만들 수 있다.
흑인 청소년 마이클 브라운은 2014년 미주리 주
퍼거슨에서 양손을 머리 위로 들고 있었음에도
경찰에게 살해당했다. 브라운의 사망 이후
세인트루이스에 본거지를 둔 예술가
데이먼 데이비스는 퍼거슨 거주민들이 손을 들어
올린 사진을 찍어서 가게 창문에 붙여 놓았다.

이것이 바로 '모두가 힘을 합쳐(All Hands on Deck)'라고
불리우게 된 강력한 설치물이다.
데이비스는 이 작품을 통해 공동체 내의 연대감을 그려냈다.
이 프로젝트의 일부 이미지는 반대쪽에서도 볼 수 있다.

시

저항시는 문어든 구어든 서정적인 표현을 통해
전 세계의 문제들과 불공정을 다룬다. 다음 페이지에
나오는 준 조던의 매서운 시 '소웨토를 위한 노래'가
대표적인 사례다. 시는 반복과 내적 운율, 말장난,
은유 등 다양한 언어유희와 수사적 기법을
사용해 독자들을 사로잡을 수 있다. 구어체 시는
주의를 환기하고, 감정을 전달하며, 행동을 유발하는
힘을 갖고 있다. 그러한 힘 때문에 시는 저항의
순간을 북돋우고 종종 사회운동의 기초적인
예술 형태로 자리매김해왔다.

음악

시와 마찬가지로 음악은 문화와 시대, 시간의 순간을
정의한다. 전 세계의 사회운동에서 음악가와
활동가들은 저항하는 사람들의 에너지와 목소리를
반영하기 위해 찬송가, 구호, 주류 팝 히트곡 등
모든 형태의 노래를 창작해왔다.
1960년대 미국에서 인권운동이 활발하게
이뤄지는 동안 찬송가와 민중음악은 모두 사회운동의
유지와 메시지 전달의 필수 원천이었다.
일부 국가에서는 정부가 나서서 특정 노래나 음악을
검열하거나 금지할 정도로 음악은 사회 변화와
스토리텔링, 방향에 강력한 힘으로 작용했다.

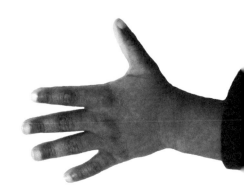

준 조던의 '소웨토를 위한 노래'

소웨토의 목구멍에선
악마의 언어가
갈퀴로 모든 말을 긁어모아
산산조각을 내고
자기 이름을 노래로 부르려는
어린 소녀의 고유의 언어만
온전하게 남기네.

물을
말해야 할 곳에선

피를 외치도록
가르치고

풀을
구할 곳에선

무덤으로 기어들어 가라고
가르치네

아버지를
우러를 곳에선

아버지를 잡아가지 말라고
누군가에게 애걸하도록 가르치네.

내 고국에 키스해야 할 곳에선
이 먼지를 삼키라고 가르치네.

하지만 소녀의 얼굴엔 말이 살아 있어
그 소리는 더 이상 제국의 언어 말살에
굴복하지 않으리.

피를
끌어당길 곳에서

물을
마실 것이고

무덤을
팔 곳에서

풀을
불러낼 것이며

아버지와 가족을
데려갈 곳에서

분연히 일어나 태양 아래서
머무를 것이다.

이 먼지를 삼키라고
가르친 곳에서

고국의 대지에
입 맞추고

또한 소웨토의 노래와
함께 하리라.

소웨토의 노래와
함께 하리라.

간단히 보는 저항 예술의 역사

저항 예술은 역사를 통틀어 공동체의 '시각화된 목소리'였다.

정치 풍자는 고대 그리스, 로마 시대 그리고 어쩌면 그보다 더 오래전부터 사용됐다는 증거가 있다. 고대 이집트의 예술 작품은 인간을 동물로 묘사했다. 중세 시대의 조각가들은 해학적인 장면을 돌로 조각했다.
정치 사회적 문제에 관해 다른 의견을 드러내기 위한 과장된 연극과 대중 공연도 잘 기록되어 있다. 1800년대와 1900년대 초 저항 예술은 스케치화, 풍자 만화, 출판물 표지 등의 형태를 보였다.
이 가운데 풍자만화와 출판물 표지는 오늘날에도 여전히 유용한 표현 전략이다.

이제 현대 시대의 저항에서 다양한 예술 형식을 사용한 사례를 살펴보자. 이 연대표는 대표적이기는 하지만 완벽하지는 않다. 역사를 통틀어, 그리고 현재의 저항 예술에는 어떤 것들이 있을까?

1810~1820년
스페인, 프란시스코 고야
전쟁의 재앙

정치적 쟁점을 다룬 82점의 스케치들은 전쟁 당시의 장면을 보여준다. 비록 이 스케치들이 고야 생전에 출판되지는 못했으나 오늘날 이 작품들은 전쟁의 공포를 강력히 고발한 작품으로 평가받고 있다.

1916년
유럽, 다다이즘 예술가들
제1차 세계대전에 반대하는 예술

마르셀 뒤샹과 만 레이를 포함한 혁명적 아이콘들이 주도한 다다이즘 예술가들은 공연 작품, 조각, 시, 그림 등을 통해 전통 사회와 전쟁에 반대하며 예술적인 반란을 일으켰다.

1914~1918년
영국, 여성 참정권 단체
여성 투표

1914년부터 1918년 사이 영국에서는 성년이 된 대부분의 남성이 제1차 세계대전을 치르기 위해 징집됐다. 이에 따라 약 200만 명으로 추산되는 여성들이 전통적으로 남성들이 하던 역할을 대신 떠맡게 되었다. 이는 여성들을 자극해 정치에 참여할 수 있는 권리를 요구하도록 만들었다. 새로운 인쇄술 역시 운동가들이 포스터, 띠, 배지 등을 통해 그들의 메시지를 빠르게 전파할 수 있게 해주었다. 마침내 영국 여성들은 1918년에 투표권을 얻게 됐다.

1920~1930년대
미국, 전미유색인종촉진동맹
'어제 한 남자가 폭행당했습니다'

미국에서 폭행을 당하는 흑인들에 대한 인식을 높이기 위해 전미유색인종촉진동맹(NAACP) 본부에서는 '어제 한 남자가 폭행당했습니다'라는 문구가 적힌 깃발을 내걸었다. 건물주가 이 단체를 내보내겠다고 위협할 때까지 이 깃발은 여러 차례 나부꼈다.

1920년대
멕시코, 디에고 리베라
벽화

리베라는 1920년대에 정부가 후원하는
멕시코 벽화 프로젝트를 이끈 지도자였다.
그의 대형 작품은 멕시코의 역사를 반영하는 정치적,
사회적 주제를 주로 다룬다.

1929년
나이지리아, 이그보족 여성들
여성 전쟁

영국 식민지 역사에서
'1929년 아바(Aba) 여성 폭동'이라고 알려진 사건으로,
나이지리아 이그보족 여성들은 시장 노동자들에게 세금을
부과해 생계를 위협하는 영국 식민지 당국에 저항했다.
그들의 메시지는 처음 야자수 잎을 통해 지역사회에
퍼져나갔는데, 이는 도움을 요청한다는 의미였다.
이후 여성들은 밤마다 구호를 외치고, 노래와 춤을 추기
시작했고, 몇몇 지역에서는 촌장들이 물러났다.
이 여성 전쟁은 나이지리아에서 페미니스트와
반식민지 시위의 역사적인 사례가 됐다.

1944년
미국, 미야다케 도요
사진 촬영

일본계 미국인 사진작가 미야다케는
제2차 세계대전 당시 일본계 미국인이 포로수용소에
수감된 사연을 가슴 아프지만 강력한 힘을 지닌
사진 연작으로 담아냈다.

1960년대
미국, 마틴 루터 킹 주니어 목사
인권 연설

마틴 루터 킹 주니어 목사 등이 이끄는
미국 인권운동은 인종차별을 종식시키고 흑인에게
법률로 정한 동등한 권리를 부여하고자 했다.
킹 목사의 상징적인 연설 중 몇 개는 이 운동에
영감을 주고 사람들의 관심을 모으는 데 도움을 주었다.

1960~1970년대
미국, 에모리 더글러스
블랙 팬서 그래픽스

미국인 예술가 에모리 더글러스는 '민중에게 모든
권력을(All Power to the People)'이라는 포스터를 포함해
블랙팬서(흑표)신문과 관련된 수많은
유명 그래픽 작품을 만들었다.

1960~1970년대
미국, 반전 시위
구호와 노래

미국의 베트남전 개입이 한창 진행되면서 전쟁에 반대하는
시위가 늘었다. '전쟁이 아니라 사랑을 나누자'와 같은
구호들이 그러했듯이 원조 포크송들은 반전 정서를
나타내는 중요한 표현이 되었다.

1975년
폴란드, 후쿠다 시게오
'승리 1945'

후쿠다 시게오는 다재다능한 예술가였다.
그의 작품 중에는 포신 안으로 되돌아가는 포탄을
적나라한 그래픽 스타일로 표현한 '승리 1945'를 비롯해
몇몇 중요한 저항의 이미지들이 있다.
'승리 1945'는 전쟁 종식을 요구하는, 단순하면서도
영향력 있는 호소였다.

1987년
대한민국, 6월 민주화 항쟁
노동자들의 행진

1987년 6월 내내 군사정권에 대항하는 민주화 항쟁이
일어났다. 이를 계기로 한국 정부가 실행 중인 개혁은
오늘날까지 이어지고 있다. 원래 학생들이 먼저 시작했고
이후 화이트칼라 노동자들까지 합류한 이 운동에는
길거리에서 두루마리 화장지를 내던지는 것도 포함되었다.

1990년대
영국, 피스 온 피스
장애 예술 운동

1990년대 영국에서는 장애인 예술 운동이 활발했다.
작곡가이자 운동가인 앨런 홀즈워스가 만든 자극적인 슬로건
'동정에 오줌을 갈겨라'는 시위대가 외친 절규였다. 적극적인
이 운동에 힘입어 1995년 장애인차별금지법이 통과됐다.

흑인의
삶도
소중하다

2010~2012년
아랍의 봄
소셜미디어

이집트에서 튀니지, 시리아, 그리고 그 주변 국가들로
퍼져나간 일련의 반정부 시위로 정권 교체가 이어졌다.
소셜미디어의 도움으로 아랍 지역에서
친민주화 운동이 빠르게 확산했다.

2015~2016년
브라질 반정부 시위
픽설레코스

정부의 부패 혐의와 불안정한 경제 속에서 수백만 명의
브라질 시민들이 전국적으로 반정부 시위에 참여했고,
그 결과 대통령을 탄핵하는 데 성공했다.
남녀노소 할 것 없이 축구 국가대표팀의 선명한
노란색 유니폼을 입고, 부패 정치인들을 희화한
거대 풍선 인형 '픽술레코스(Pixulecos)'를
군중들 사이로 이동시켰다.

2018년
프랑스 파리, 파스칼 보야르
노란 조끼 벽화

2018년 거리 예술가 보야트는 '노란 조끼' 반정부
시위를 기념하기 위해 파리에서 벽화를 그렸다.
1830년의 프랑스 혁명을 미화한 외젠 들라크루아의
그림에 기초한 그림이었다.

2020년
전 세계, 흑인의 생명도 소중하다
(BLM) 거리 운동

알리샤 가르자, 패트리스 컬러스,
오팔 토메티가 2013년에 설립한 운동 '흑인의 생명도
소중하다(Black Lives Matter)'가 전 세계의 주목을 받은
것은 2020년 비무장 상태의 흑인 남성 조지 플로이드가
백인 경찰의 손에 살해당한 직후부터다. 도와달라는
플로이드의 요청은 '나는 숨을 쉴 수가 없어요'라는
문구로 요약되어 전 세계에서 반복되었다.

무엇이
보이나요?

때때로 하나의 시각적 스타일은
특정한 사회운동과 강력한 연관성을
보인다.
화가 키스 해링은 독특한 방식의
대담하고 그래픽적인 비주얼 스타일을
지녔으며, 그의 작품은 사회적 쟁점,
특히 후천성면역결핍증(에이즈) 위기를
자주 반영하곤 했다.
1990년 에이즈 관련 합병증으로
사망한 후에도 그의 작품들은
계속해서 인지도를 높이고 있다.

작품 '무지=공포'에서 헤링은
'악한 것은 보지도 말고, 듣지도 말고,
말하지도 말라'는 고대 일본 회화의
격언의 영향을 받았는데, 이는 전통적으로
'세 마리의 현명한 원숭이'와 함께
그려진다. 헤링은 이 격언을 에이즈 위기
대응에 실패한 미국 정부에 대한
그의 감정을 반영하려는 용도에 맞게 고쳤다.

▶

IGNORANCE = FEAR
무지 = 공포

SILENCE = DEATH
침묵 = 죽음

FIGHT AIDS ACT UP
에이즈와 싸워라 행동하라

뒤집은 분홍색
삼각형

나치 수용소에서 동성애자
남성을 식별하기 위해 사용된
핑크 삼각형 상징을 뒤집은
디자인으로, 여기에서는
자랑스러운 자아 일치의
상징으로 사용된다.

핑크 엑스(Pink X's)

죽음을 상징하는
이 십자가는 에이즈와
이 질병의 확산과 증상을
잘 모르는 사람들에게
제기되는 위험을
나타낸다.

인간

해링이 표현한
대담하면서도 고도로
양식화된 인간 형태는
보편적인 공감을 느끼게
해준다.

등호 (=)

'같다'라는 단어 대신
'등호(=)' 기호를 사용하면
메시지를 더 빠르게
전달할 수 있으며, 동시에
문장이 수학 공식처럼
표시된다.

빨강과 노랑

이 두 가지 색깔은
자연의 위험, 두려움과
관련이 있다.
해링은 이 두 가지 색을
모두 인물을 묘사하는 데
사용한다.

종이학

일본에는 종이학 1천 마리를 접으면 소원을 성취할 수 있다는 속설이 있다.
1945년 원자폭탄이 투하된 히로시마 부근에 살던 두 살배기 어린이 사사키 사다코는
피폭으로 인해 백혈병에 걸려 오랜 시간 고통을 받았다.
12세의 나이로 죽기 전에 사다코는 1천 여 개의 종이학을 접었고,
이후 종이학은 평화의 상징이 됐다.

평화 사인

평화의 사인은 1958년 영국의 예술가 제럴드 홀텀이
영국 핵무기 군축 운동을 위해 만든 로고다.
그때부터 이 로고는 평화를 부르는 대표적 상징이 됐다.

우산

2014년 홍콩에서 민주화 시위가 일어났을 때 운동가들은
경찰의 최루탄과 기타 공격에 대항하기 위해 우산을 사용했다.
우산은 저항을 상징하게 됐으며, 홍콩의 민주화 운동인
'우산혁명'이라는 이름도 여기서 비롯됐다(52~53쪽 참고).

움켜쥔 주먹

움켜쥔 주먹을 번쩍 든 모습은 저항과 반항의 강력한 상징이다.
1900년대 초 노동조합이 이를 처음 사용했으며,
그 뒤 흑인 인권 운동, 아파르트헤이트(인종차별정책) 반대 운동,
페미니스트 운동 등 여러 저항 운동의 상징이 됐다.

무지개

무지개는 성 소수자(LGBTQ+) 운동의
가장 대표적인 상징이다. 이는 다양성, 포용성,
그리고 인간의 다양한 범위의 성적 취향과
성별을 나타낸다.

상징의 예술

저항 예술은 상징을 이용하는 경우가 많다.
이들 통해 전하고자 하는 의미를 단숨에 빠르고
강력하게 전달할 수 있다.

무엇이 보이나요?

예술가 제이콥 로렌스는 미국흑인의 역사를 모더니즘적 묘사를 통해
선보인 것으로 유명하다. 그는 1930년 뉴욕 흑인 빈민가 할렘으로 이사했다.
그의 많은 작품은 그가 안식처라고 불렀던 할렘의 이웃들과 그곳의 풍부한 문화를
담아낸 것이 특징이다. 로렌스는 강렬한 색깔, 뭉툭한 모양, 그리고 표현력이 뛰어난
자세와 얼굴 표정으로 인정받았다. 그의 작품은 종종 그가 속한 흑인 공동체가 직면했던
투쟁의 이야기를 들려주는 서사적 요소도 지니고 있다.

1948년 작품 '비상 전화'(다음 페이지 참고)는 할렘 거리에서 발생한
긴급 의료 상황을 묘사하고 있다. 이 그림 가운데에는 한 사람이 파란색 옷을 입은
구급대원 두 명이 들고 있는 들것 위에 누워 있다. 이 그림이 제작될 당시
뉴욕에는 흑인 환자의 입원을 허용하는 병원이 거의 없었다.
또한 의료 지원팀이 현장에 도착하는 시간도 오래 걸렸다.

이 그림을 자세히 보면 무엇이 보이나요? 그 이미지에서 어떤 느낌이 떠오르나요?
왜 그러한 느낌이 들까요?

환자
아래를 내려다보는 인물들과 대조적으로 그림 속 환자는 생의 마지막 작별을 암시하는 듯
사람들을 올려다보고 있다.

구급대원
1948년에는 미국흑인이 병원에서 일하는 경우가 드물었다. 로렌스가 의료진과
구급대원을 대표할 인물로 흑인 세 명을 선택했다는 사실은 흑인 인종차별을
해결하기 위한 몇 가지 제도적 진전이 있었음을 의미한다.

구경꾼
구경꾼들은 머리를 서로 가까이 두고 있다. 로렌스는 이를 통해 공동체의 끈끈한
결속력을 보여준다. 아래로 처진 그들의 입과 눈은 슬픔을 의미하지만,
아마도 서로에게서 위안을 찾고 있는 듯하다. 그들의 슬픔이
로렌스가 희망과 끈기를 표현하기 위해 사용한 밝은 원색과 대조되어 보인다.

색깔

색깔은 모든 시각 예술 작품의 필수적인 요소다.
다양한 색깔은 다른 기분, 에너지, 또는 느낌을 불러일으킨다.
저항 예술은 이러한 특성을 활용해 사람들의 관심을 얻고,
내용을 지원하며, 행동을 유도해왔다.

우산 운동 – 홍콩

노란색

노란색은 행복, 긍정, 기쁨,
온기를 떠오르게 한다. 하지만 동시에 질병,
주의, 사회적 병폐 등을 나타내기도 한다.

주황색

주황색은 즐거움, 흥미,
창의력에서부터 건강, 자극, 짜증, 주의에
이르기까지 다양한 개념과 감정을 묘사한다.

오렌지 혁명 – 우크라이나

성 소수자(LGBTQ+) 운동 – 전 세계

보라색

역사적으로 보라색 염료는 매우 비싸고 물량이
부족해 소수의 왕족이 독점적으로 사용하는 일이
많았다. 오늘날 보라색은 성 소수자(LGBTQ+)
운동은 물론, 용기, 야망, 지혜, 평화,
긴장 완화 등을 나타내는 데 사용된다.

검은색

검은색은 신비와 어둠에서부터
절망, 힘, 정교함에 이르기까지
광범위한 특성을 의미한다.
검은색은 예술에서 사용된 최초의 색상
중 하나다. 선사시대 예술가들은 검은 숯을
사용해 그림을 그렸다. 전 세계에서 시위에서
발견되는 펠트펜, 페인트, 디지털 프린트에 이르기까지
검은색의 다양성은 무한하고 시대를 초월한다.

검은 팬서 운동 – 미국

분홍색

밝은 분홍색 색소는 사하라 사막의 선사시대 이암판에서 발견됐는데, 이는 고대 유기체에서 만들어진 것으로 생각된다. 분홍색은 때때로 여성들과 관련되며, 생리 빈곤(생리대를 사기 어려울 정도의 가난)과의 싸움에 사용돼왔다. 동물 권리 운동가들도 육식에 반대하는 시위에서 이 분홍색을 사용했다.

여성 참정권 운동 = 영국/미국

녹색

녹색은 예술은 물론 자연에서도 가장 오래되고 가장 많이 보이는 색깔 중 하나다. 돈, 성공, 신선함, 조화, 성장, 질병, 부패 등 많은 것을 나타낼 수 있다.

낙태 권리 – 아르헨티나

인디고 반란 – 인도

흰색

흰색은 종종 순수, 순결, 안전, 청결, 삶, 그리고 죽음을 나타낸다. 예술가들은 맹독성 납으로 만든 흰색 도료를 수백 년간 애용해왔으나, 이는 20세기 후반에 사용이 금지됐다.

파란색

파란색은 현대 사회에서 가장 인기 있는 색상 중 하나다. 자연에서 가장 많이 보이는 두 가지, 즉 하늘과 물의 색이 파란색이다. 오늘날에도 인밍(YInMn) 블루 등 새로운 종류의 파란색이 계속해서 발견되고 있다.

빨간색

빨간색은 열정, 사랑, 삶, 분노, 본능, 불, 권력, 그리고 희생을 나타낸다. 빨간색은 그 다채로움 때문에 다른 색조들로 해체되어 예술에 사용된 최초의 색깔 중 하나다.

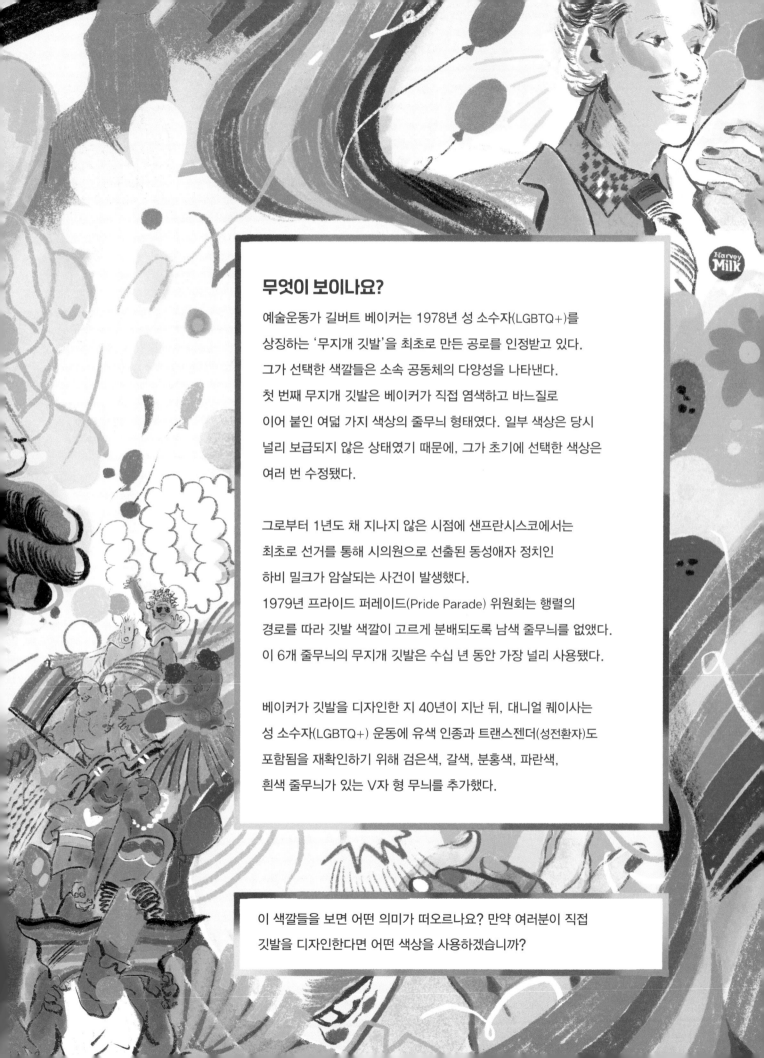

무엇이 보이나요?

예술운동가 길버트 베이커는 1978년 성 소수자(LGBTQ+)를
상징하는 '무지개 깃발'을 최초로 만든 공로를 인정받고 있다.
그가 선택한 색깔들은 소속 공동체의 다양성을 나타낸다.
첫 번째 무지개 깃발은 베이커가 직접 염색하고 바느질로
이어 붙인 여덟 가지 색상의 줄무늬 형태였다. 일부 색상은 당시
널리 보급되지 않은 상태였기 때문에, 그가 초기에 선택한 색상은
여러 번 수정됐다.

그로부터 1년도 채 지나지 않은 시점에 샌프란시스코에서는
최초로 선거를 통해 시의원으로 선출된 동성애자 정치인
하비 밀크가 암살되는 사건이 발생했다.
1979년 프라이드 퍼레이드(Pride Parade) 위원회는 행렬의
경로를 따라 깃발 색깔이 고르게 분배되도록 남색 줄무늬를 없앴다.
이 6개 줄무늬의 무지개 깃발은 수십 년 동안 가장 널리 사용됐다.

베이커가 깃발을 디자인한 지 40년이 지난 뒤, 대니얼 퀘이사는
성 소수자(LGBTQ+) 운동에 유색 인종과 트랜스젠더(성전환자)도
포함됨을 재확인하기 위해 검은색, 갈색, 분홍색, 파란색,
흰색 줄무늬가 있는 V자 형 무늬를 추가했다.

이 색깔들을 보면 어떤 의미가 떠오르나요? 만약 여러분이 직접
깃발을 디자인한다면 어떤 색상을 사용하겠습니까?

시각 언어 VS. 구두 언어

예술가들은 저항 활동을 할 때
입으로 말하는 '구두 언어'와 눈으로 말하는
'시각 언어'를 사용해 소통한다.
구두 언어에는 말하기와 쓰기가 포함된다.
시각 언어는 이미지, 기호, 몸짓 언어, 동작,
그리고 우리가 눈으로 볼 수 있도록
표현하거나 아이디어를 전달하는
다른 방법을 사용한다.
우리가 단어를 사용하는 방식도 일종의
시각 언어라고 할 수 있다. 시각 언어와
구두 언어가 섞여 있는 몇 가지 방식을
소개하겠다.

콜라주

콜라주는 잡지, 책, 지도, 사진, 기타 인쇄물 등
기존 재료들에서 일부를 조금씩 떼어낸 것들을 다시
조합해서 새로운 창작물을 만드는 기술이다.
사진몽타주는 저항하려는 사안의 중요성을
전달하거나 문제의 다양한 면을 묘사하는 데
쓸모가 있다. 타이포그래피에서 신문의 제목
또는 다른 재료의 편지나 텍스트를 오려 붙여
작업하는 것은 특정한 내용을 강조하거나,
공식 성명 같은 것들이 현실과 얼마나 동떨어져
있는지를 밝히는 데 도움이 된다.

손글씨

시위 장면을 생각할 때
손글씨로 쓴 표지판과 배너는 가장
연관성이 높은 시각 자료다.
판지에 펠트펜으로 쓰든 벽보판에
마커로 쓰든 상관없다.

손글씨 표지판들은 많은 사람에게
사적인 느낌을 더해주는데,
이러한 노력은 서민적이면서도
보통 사람 개개인의 경험과
관점에 연결돼 있음을 보여준다.

스크린 인쇄 및 활판 인쇄

스크린 인쇄는 대량생산이 가능한 인쇄 기법이다. 활판 인쇄는 잉크를 입힌 이동식 활자 위에 종이를 눌러 인쇄하는 방식이다. 저항 예술에서 스크린 인쇄와 활판 인쇄, 에칭, 판화, 목판화 등 다른 형태의 인쇄 방식을 사용하면 구호, 캐치프레이즈, 그래픽 이미지를 강력한 저항 예술 작품으로 변화시킬 수 있다.

디지털 인쇄

디지털 방식으로 디자인되고 출력된 표지판, 배너, 기타 형태의 저항 커뮤니케이션은 형식적이거나 공식적인 어조를 강조하기 위한 목적으로 사용될 수 있다.

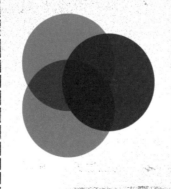

타이포그래피

타이포그래피는 글자와 단어, 텍스트를 창의적으로 디자인하고 배열하는 예술이다.
여기에는 글꼴과 문체의 선택, 글자 형태의 크기와 모양, 단어와 문장의 배열,
심지어 문자와 텍스트의 간격까지도 모두 포함한다.
타이포그래피는 감정과 생각을 표현하는 구두 언어와 시각 언어에 대한 우리의 이해를
적극 활용하는 하나의 방법이다. 타이포그래피 안에서는 다양한 기술과 스타일을
어떻게 사용할지에 대한 무한한 가능성과 고려가 이루어진다.

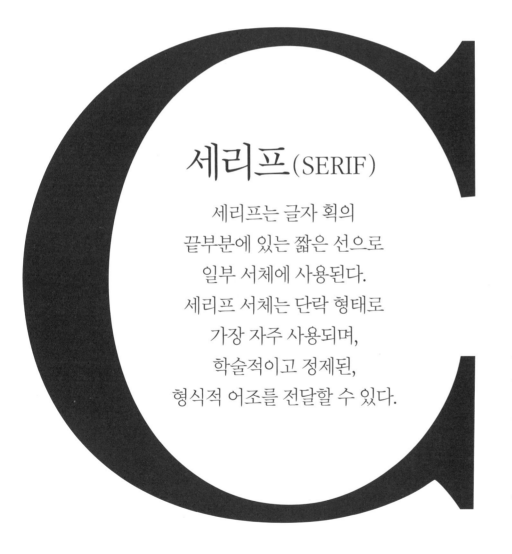

세리프(SERIF)

세리프는 글자 획의
끝부분에 있는 짧은 선으로
일부 서체에 사용된다.
세리프 서체는 단락 형태로
가장 자주 사용되며,
학술적이고 정제된,
형식적 어조를 전달할 수 있다.

슬랩 세리프
(SLAB SERIF)

슬랩 세리프 글꼴은
다른 글꼴들과 구별된다.
그 이유는 슬랩 세리프 글꼴이
두껍고 평평하기 때문이다.
보통 이 글꼴은 보는 이의
관심을 끌려는 의도가
다분한 전시물에
사용된다.

산 세리프 (SANS SERIF)

'산 세리프'라는 용어는 세리프가 없는 서체를 가리킨다.
산 세리프 글꼴은 현대적이고 유선형이다.
일반적으로 표제나 제목에 사용되며, 선언문이나
어떤 요구사항을 강조하기 위해서도 사용된다.
축약된 산 세리프 글꼴은 대개 굵게 표시되며, 가장 중요한
문장과 행동의 요구를 강조하기 위해 모두 대문자로 설정된다.

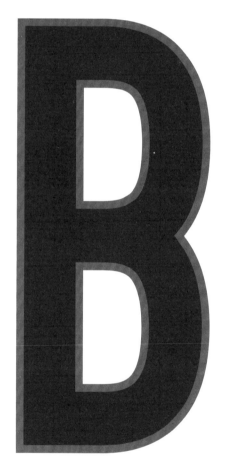

영문 대문자 (ALL CAPS)

전체가 대문자로 쓰인
영문 단어들은 고함을
치거나 함성을
지르고 있는 메시지를
암시하면서 대담함과
강력한 힘을 전달한다.

영문 소문자 (lowercase)

전체가 소문자로 이루어진 영문
텍스트는 젊은 목소리를 암시할
수 있다. 또한 겸손이나 가벼운
마음을 전달할 수도 있고, 심지어
더 권위적인 어조에 반전을 주기
위해서 사용될 수도 있다.

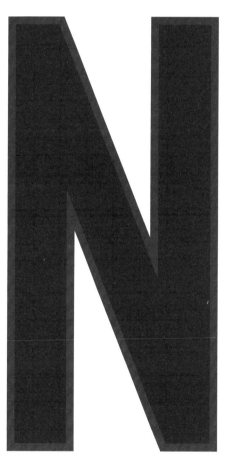

우리도 해보자!

1. 자신이 속한 지역사회나 우리 나라의 저항 예술에 관한 역사를 배워봅시다.

지역에서 일어난 일들을 기념하는 박물관, 갤러리 또는 공공 장소가 있는지 알아보세요. 행진, 시위, 또는 사회운동을 목적으로 창조된 모든 예술 작품을 관람해보세요. 저항 예술에서는 어떤 특징이 두드러지는지 살펴보고, 어떻게 우리의 창의력을 높이는지도 생각해볼까요.

2. 단어만 사용해서 포스터를 디자인해보세요.

'나는 인간이다'라는 포스터 같은 저항 예술 작품은 만트라(어떤 상태를 확신하기 위해 반복하는 슬로건 또는 문구)를 표현한답니다. 관심 있는 사회 문제를 나타낼 수 있는 표현이나 문장 또는 인용구를 생각한 뒤, 포스터처럼 큰 종이에 직접 써서 여러분의 창의력을 발휘해보세요.

우리 할 수 있다

3. 배너를 만들어보세요.

배너는 여러분이 표현하고 싶은 저항 메시지 규모와 창의성을 크게 키우는 흥미로운 방법이랍니다. 접착용 펠트 천을 침대 시트에 붙이고 티셔츠를 함께 꿰매어 이불을 만들거나, 기름이 배지 않는 긴 종이 롤을 활용해 여러분과 다른 사람들이 가지고 다닐 수 있는 배너를 만들어보세요.

4. 사회 변화에 영감을 주는 노래들의 목록을 만들어보세요.

이 목록에는 다른 장르와 언어의 음악도 포함시켜주세요. 그 노래가 표현하려는 이야기, 주제, 행동을 이해하기 위해 가사에 집중해보세요. 여러분의 노래 목록을 친구들과 공유하고 그들도 참여할 수 있게 초대해보세요.

'모든 것이
예술이다.
모든 것이
정치다'

아이 웨이웨이

03

청소년 리더십과 전 세계의 저항 예술

남아프리카공화국에 가다

몇 년 전 나는 아프리카를 혼자 여행하던 중
넬슨 만델라 전 남아프리카공화국
대통령의 집을 방문할 기회가 있었다.
그곳에서 아파르트헤이트(인종차별정책) 통치
종말의 역사를 시간 순으로 기록한 박물관에
갔을 때, 나는 예술과 그래픽이 사회운동에
영향을 준 방식과 국가가 자유를 향해
나아갈 수 있도록 이끈 청소년 리더십에 관한
이야기에 깊은 감명을 받았다.
퍼거슨 봉기에서 직접 청년들의 비전과
힘을 목격하였기에, 나는 이번 방문을 계기로
전 세계 젊은이들이 어떻게 사회운동을
이끌어왔는지에 대해 더 많이 알고
싶어졌다.

청소년이 주도하는 사회운동

'시민 권리' 운동에서부터 '흑인의 삶도 중요하다' 운동까지

존 루이스는 10대 때부터 미국에서 인종 평등을 위한 투쟁을 하기 시작했다.
청소년 시절 그는 비폭력학생조정위원회(SNCC)의 리더로 일했다.
또한 남부 지역의 인종차별 관행을 없애기 위한 투쟁에서
다른 청소년들과 함께 일하면서 위험을 무릅쓰고 선두에 나섰다.
1965년 그는 앨라배마 주 셀마에 있는 에드먼드 페투스 다리 위를
행진하던 도중 경찰관들에게 심하게 맞기도 했다.
이후 1987년부터 2020년 사망할 때까지 그는
33년간 고향 조지아 주에서 하원의원으로 활동했다.
존 루이스는 인종차별에 맞서 싸우고 정의를 실현하기 위해
일생을 바친 불굴의 투사로 영원히 역사에 남았다.

남아프리카공화국의 학생들

20세기 중반 남아프리카공화국(남아공) 내 네덜란드계와 영국계 식민 지배
세력은 '아파르트헤이트'라는 극단적 인종차별 정책을 도입했다.
학생들은 교육제도에 존재하는 흑백 분리 제도에 저항하는 과정에서
중요한 역할을 했다. 당시 남아공의 학교에서는 토착어인 아프리카어의
사용이 금지되고 영어와 네덜란드어를 사용해야 했다.

1976년 6월, 약 20만 명의 학생들이 항의의 표시로 요하네스버그의 흑인 거주 지역인 소웨토의 거리로 뛰쳐나왔다. 시위 첫날 25명이 사망했고, 봉기가 끝날 무렵 사망자 수는 600여 명으로 늘었다. 사상자 중 다수는 어린이들이었다. 시위 진압의 잔혹함에 온 나라와 국제 사회의 양심이 각성했다. 이는 결국 아파르트헤이트(인종차별정책)의 종식으로 이어졌다. 남아프리카공화국의 10대들은 오늘날까지도 여전히 학교에서 벌어지는 인종차별에 저항하고 있다.

줄라이카 파텔은 2016년 열세 살의 나이에 학교가 엄격한 규칙으로 자신의 헤어스타일을 부당하게 단속했다고 주장하며 교내 시위를 이끌었다. 그녀의 리더십은 인종차별과 관련된 추가적인 정책 변화와 움직임을 끌어내는 데 영감을 주었다. 영국의 BBC 방송사는 파텔을 최연소 세계 청소년 지도자 중 한 명으로 선정했다.

홍콩
우산 운동

홍콩은 한 세기 동안 영국령으로 유지되다가
1997년에 중국으로 반환됐다. 비록 외형적으로는
자치권이 유지됐지만, 중국 정부는 홍콩의 민주적인 절차에
일련의 제약을 가했다. 2014년에는 공직 후보자를
중국 정부의 심사를 받은 사람으로만 제한하는
제도가 시행됐다.

이에 홍콩의 대학생들이 파업과 시위를 주도했다. 이들은 정부 청사에서
농성을 벌이고 공공 광장과 거리에서 행진을 하며 치열하게
시민 불복종 운동을 전개했다.

시위대는 최루탄 투척을 비롯한 경찰의 공격에 맞서 자기방어를
하기 위해 우산을 들고 다녔다. 이렇게 해서 우산은 저항의 상징이자,
사회운동의 이름, 저항 예술의 기초가 됐다. 그들은 우산에 메시지를
써서 공공 장소에 있는 동상의 손에 놓아두고, 경찰이 망가뜨린
우산으로 덮개를 만들어 다른 공공 시설물에 다시 사용했다.

저항의 첫 번째 물결은 79일 동안 계속됐다. 두 번째 물결은
2019년 홍콩 정부가 사회운동가로 의심되는 사람을 중국 본토로
보내 재판을 받도록 허용하는 새로운 법을 제정한 데 따른
항의로 시작됐다. 학생들이 주도하는 시위는 무자비하게
진압됐다. 하지만 홍콩 시민들의 저항은
아직도 계속되고 있다.

파크랜드의 학생들

최근 수십 년 동안 미국에서는 총기 난사 사건이 비극적이고 치명적인 전염병처럼 번졌다. 학교 내에서 벌어진 총기 난사 사건은 청소년들에게 큰 영향을 끼쳤다.

2018년 미국 플로리다 주 파크랜드의 마조리 스톤맨 더글러스 고등학교에서 재학생에 의한 총기 난사 사건이 발생해 17명이 숨지고 17명 이상이 다쳤다. 이 사건에서 살아남은 사람들은 즉각 총기 폭력을 줄이자는 운동의 열정적이고 적극적인 옹호자가 되었다.

이들은 '다시는 안 됩니다(Never Again)'라는 캠페인을 시작했다.

또한 워싱턴 D.C.에 50만 명 이상이 모인 가운데 전국적으로 일어난 '우리의 생명을 위한 행진'을 이끌었다. 그들은 '이제 그만! 전국 학교 파업의 날(Enough! National School Walkout Day)'이라는 운동도 조직했다. 미국 전역의 3천 여 학교에서 학생들이 17분 동안 수업을 멈추고 파크랜드에서 사망한 17명의 희생자를 기리는 묵념 시간을 가졌다. '우리의 생명을 위한 행진' 팀은 미국의 청소년들이 총기 폭력에 맞서 싸우기 위해 집단적인 힘을 기르도록 지속적으로 조직을 강화하고 있다.

ENO UGH

PROTECT KIDS NOT GUNS

청소년 기후변화 환경운동가들

전 세계 청소년 운동가들의 수는 계속 늘고 있다.
이들의 활동은 우리 시대의 가장 놀랍고 가장 중요한
대중 운동으로 묘사되어 왔다. 2019년에는
유엔 청소년 기후정상회의(UN Youth Climate Summit)가
사상 최초로 열렸다. 같은 해에는 30세 이하의 환경 운동가들로
구성된 '멸종저항청년단(XRY)'이 결성됐다.
지역에서부터 전 지구적인 계획에 이르기까지 청소년 운동가들은
기후 변화에 대항하는 행동을 실천하고 더 공정하고,
안전하고, 깨끗한 세계에 대한 비전을 나누기 위해
함께 모이고 있다.

'우리는 석탄을 먹을 수 없다. 석유도 마실 수 없다.'

바네사 나카테
(VANESSA NAKATE)

우간다의 활동가 바네사 나카테는 기후 행동 단체인 '미래 아프리카
청소년(Youth for Future Africa)'과 '라이즈업 운동(Rise Up Movement)'의 창시자다.
두 단체 모두 아프리카 활동가들의 목소리를 높이는 것을 목표로 한다.
그녀는 우간다의 기온이 상승하는 것을 보고 행동을 취해야겠다는
영감을 받았다. 이후 콩고의 우림(비 내리는 숲) 보호를 포함해
아프리카 대륙 전체의 환경 변화를 위해 끊임없이 캠페인을 벌였다.

"모든 미래 세대의 시선이
당신을 향하고 있다."

그레타 툰베리(GRETA THUNBERG)

스웨덴의 10대 소녀 그레타 툰베리는 2018년 기후 변화에 대한 정부의
무능한 대책에 항의하기 위해 '학교 파업'을 시작하면서 세계적으로 뉴스 표제를
장식하는 화제의 인물이 됐다. 학교 파업은 기후 변화 대응 운동을 촉진하기 위해
매주 금요일 수업을 거부하는 캠페인이다. 그녀가 스웨덴 국회의사당 밖에 홀로 앉아
시작했던 이 캠페인은 현재 전 세계 128개국에서 약 140만 명의 청소년들이
참여하는 세계적인 환경운동으로 성장했다.

"사람들은 다른 사람의 말을 듣기 좋아하지 않는다.
하지만 시각 예술 작품을 보거나 음악을 듣거나 경험한다면,
예술이 보편적인 상징과 메시지를 담고 있음을 알 수 있다."

나디아 나자르(NADIA NAZAR)

나디아 나자르는 기후와 환경의 정의에 관한 토론에서
젊은이들의 목소리를 공유하는 청소년 단체 '제로 아워(Zero Hour)'의 공동
설립자이자 예술 감독이다. 그녀는 15세에 제로 아워 로고 디자인의 제작을
도왔다. 이 로고는 모든 연령과 배경을 가진 사람들을 하나로
결속하는 데 도움을 주는 시각적 도구의 역할을 하고 있다.

"위에서 아래로의 변화는 거의 일어나지 않는다. 변화란 수백만의 사람들이 변화를 요구할 때 일어나는 것이다."

브루노 로드리게스(BRUNO RODRIGUEZ)

10대 소년 활동가인 브루노 로드리게스는 유럽에서 시위가 폭발하는 것을 보고 자신의 모국인 아르헨티나에서도 비슷한 운동이 일어나기를 바랐다. 이후 그는 기후 변화에 대한 행동에 나서야겠다는 결심을 했다. 기후 운동을 벌이기 위한 청소년 단체를 설립했으며, 제1차 유엔 청소년 기후 정상회의에 초청받았다. 그는 남미 전역에서 기후 위기에 대한 인식이 높아지기를 희망한다.

"우리는 말만 하지 말고 행동에 나서야 한다."

헬레나 구알링가 (HELENA GUALINGA)

헬레나 구알링가는 에콰도르 출신의 원주민 환경 운동가이자 인권 운동가. 그녀의 작품은 기후 변화와 땅을 파괴하는 채굴 산업으로 인해 거주지와 생활 방식을 잃을 위험에 처한 원주민들의 목소리를 세상에 알리는 역할을 한다. 2020년 그녀는 화석 연료 산업의 영향력을 줄이고 기후 변화에 대한 법적 구속력이 있는 국제 조약인 파리기후변화협약에 원주민 권리 보호를 포함시키는 것을 목표로 하는 '오염물질 배출원 추방' 조직을 설립했다.

우리도 해보자!

1. 플래시몹을 조직해보세요.

친구들과 함께 대중 앞에서 보여줄 춤, 촌극,
또는 연극 공연을 실행할 조직을 만듭니다.
(다만, 곤란에 처할 일은 절대 하지 마세요.)

2. 목적에 맞는 우리만의 이름과
상징을 만들어보세요.

이것들은 시위와 사회운동을 나타내기 위해
사용되어온 상징물이랍니다. 우리가 지지하는
것을 잘 전달할 수 있는 상징을 스케치하고
디자인해보세요. 상징의 주제와 가치를 나타내는
색상을 추가하는 방법도 살펴보기로 해요.

3. 저항의 메시지가 담긴
옷을 입으세요.

시위에서 패션은 우리의 생각을 쉽게 드러내는
표현 형태가 될 수 있습니다. 긍정적인 변화에
대한 비전을 함께 나누기 위해 저항의 메시지가
담긴 티셔츠를 입거나 만들어보세요.

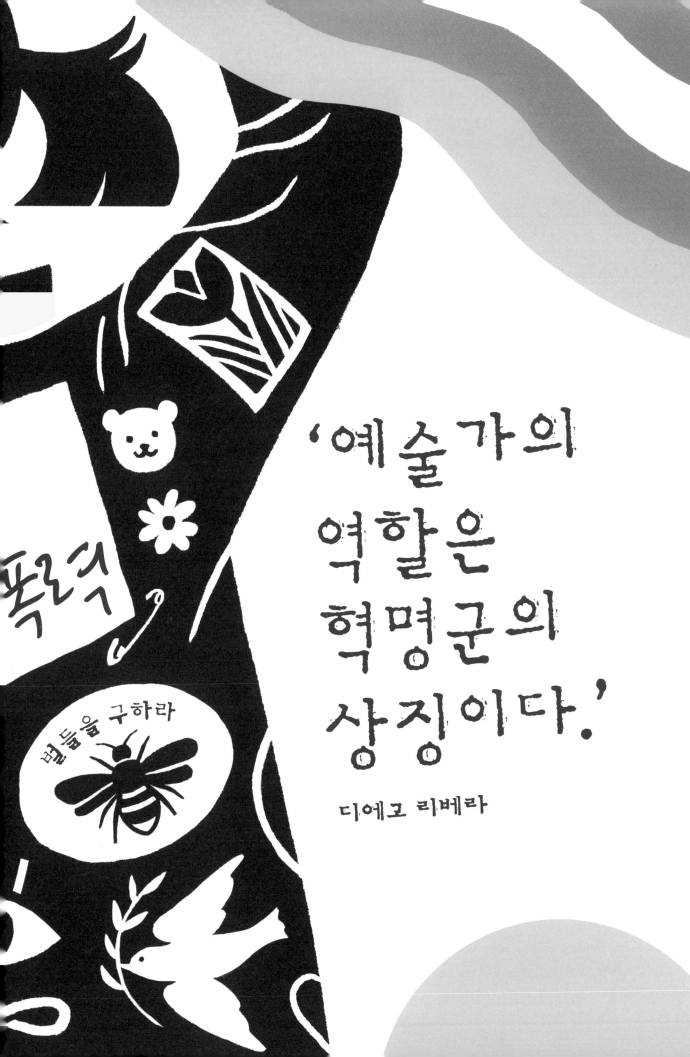

'예술가의
역할은
혁명군의
상징이다.'

디에고 리베라

04 저항 예술의 새로운 미래

앞으로 다가올 일들

저항 예술은 앞으로도 사회운동에 계속 영향을 미칠 것이다. 우리 모두가 나서서 하루 빨리 해결해야 할 사회 문제가 지속적으로 늘어나고 있기 때문이다. 끊임없이 발전하는 신기술 덕분에 변화를 바라는 우리들의 목소리는 디지털과 가상의 공간으로 더 확대전파될 것이다. 머지않아 예술가들은 다양한 영상기술과 증강현실(AR), 밈 개발과 사물 인터넷(IoT) 기술을 활용해 더욱 실험적인 저항 예술을 선보일 것으로 기대된다. 한편 기술 중심의 저항 예술은 더 작고 더 개인적인 저항 작품을 창작하려는 예술가들과도 균형을 이룰 것으로 예상된다. 지역사회에 존재하는 불공정과 어려움을 해결하기 위해 사람들은 스티커 메모지, 의류, 카드보드, 공예품 등 우리가 일상 생활에서 접할 수 있는 것들을 창의적으로 활용해 작고 치밀한 저항을 계속해 나가게 될 것이다.

테크놀로지와
저항 예술

딥페이크

딥페이크(deepfake)는 소셜미디어(SNS)에서
스틸이나 비디오 이미지에서 어떤 사람의 얼굴을
다른 사람의 얼굴로 바꿔 넣는 일종의 이미지 조작이다.
예를 들면 딥페이크는 유명인이나 정치인의 이미지를
활용해 그들의 언행이나 성격을 조롱하고,
그들이 몰고 온 해로움과 위험에 대해
경고함으로써 사람들에게 충격을 준다.
이를 통해 공인들에 대한 대중의 생각을
바꾸려고 시도한다.

소셜미디어(SNS) 필터

소셜미디어 프로필 사진에 필터를
사용하면 소셜미디어 운동이나 사회적
대의명분에 대한 지지를 어렵지 않게
확인할 수 있다. 필터는 휴대용 네트워크
그래픽(PNG) 파일로 제공된다. 다른 이미지를
겹쳐 친화성을 드러내며 결속을 보여주고,
가치를 표현하며 강력한 커뮤니티를
구축할 수 있다.

증강현실(AR, Augmented Reality)

스마트폰과 소셜미디어는 우리가 접근하기 쉬운
방법으로 우리의 삶을 기록할 수 있게 해주었다.
이제 증강현실(AR) 기술은 우리에게 이미지, 비디오,
경험을 실제 환경에 중첩하는 새로운 반전을 제공한다.
시청자들은 공간 위에서 스마트폰을 들고 가능성과
경험으로 가득 찬 가상 세계를 볼 수 있다.

증강현실을 활용한 저항의 초기 사례는
2011년 미국의 경제적 불평등에 대한 월가 점령 조치
기간에 발생했다. 예술가 마크 스크와렉은 뉴욕 주코티
공원에서 시위자들의 사진을 실제로는 출입이 제한된
뉴욕 증권거래소 같은 공간에 배치함으로써 가상의 시위
공간을 통해 월가 점령 시위를 재구성했다.

2020년 인종 정의를 실현하기 위한 저항이
전 세계로 번지면서 과거 약자를 학대했던
것으로 밝혀진 역사적 인물들을 기리는
기념물을 제거하거나 해체하는 일이 늘었다.
이때 기념물의 잔해 위에 올릴 인물들을
이미지로 재구성하는 수단으로 증강현실이
부상했다. 뉴욕시의 저항 예술 단체인
'무버스 앤 셰이커스(Movers and Shakers)'
팀은 증강현실을 사용해 콜린 캐퍼닉과
재키 로빈슨과 같은 운동가들을 위한 가상
기념물을 만들었으며, 이 기념물은 기차의
객차나 야외 전시관 같은 공간에 설치되었다.
예술가 세바스티안 에라수리스는 증강현실을
'그래피티 폭탄(graffiti-bomb)'에 사용하고
소셜미디어를 통해 자신의 예술 작품을 전시했다.
2017년 소셜미디어 플랫폼 스냅챗은 예술가 제프
쿤스와 협력해 그의 풍선 강아지 조각품들을 전 세계
증강현실 가상공간에 선보였다. 이에 맞서 에라수리스는
기업의 공공 가상공간 침범에 대한 저항의 표시로
디지털 기술을 사용해 그래피티로 뒤덮인 조각품들을
재현했다.

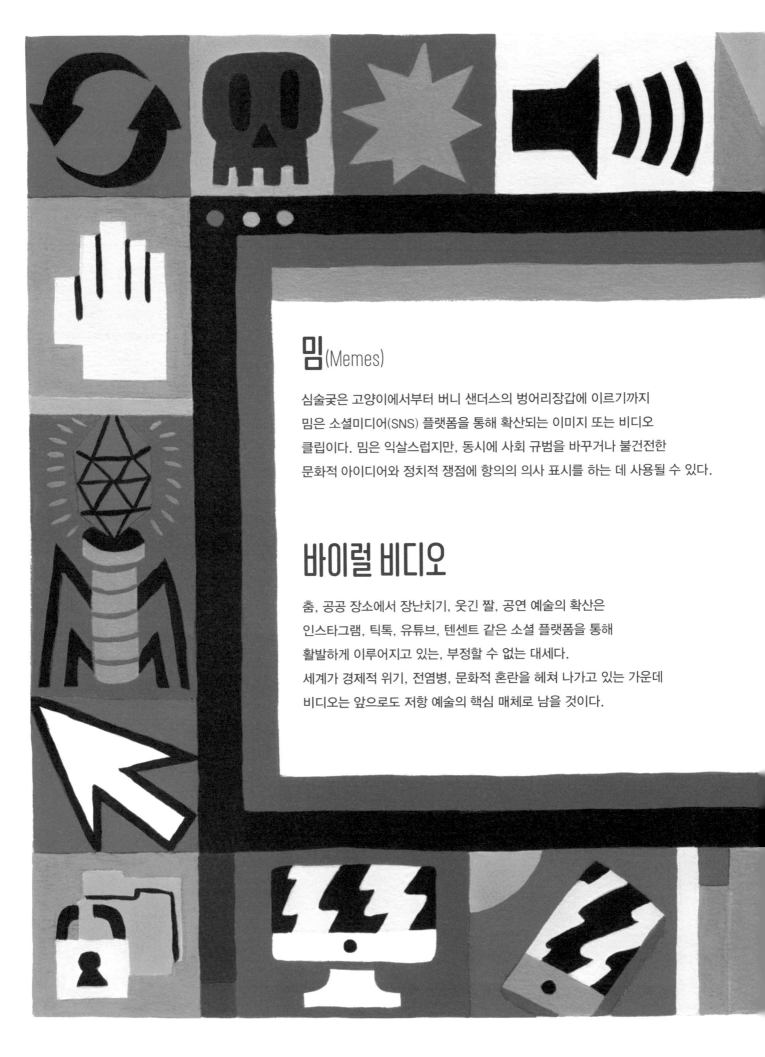

밈(Memes)

심술궂은 고양이에서부터 버니 샌더스의 벙어리장갑에 이르기까지
밈은 소셜미디어(SNS) 플랫폼을 통해 확산되는 이미지 또는 비디오
클립이다. 밈은 익살스럽지만, 동시에 사회 규범을 바꾸거나 불건전한
문화적 아이디어와 정치적 쟁점에 항의의 의사 표시를 하는 데 사용될 수 있다.

바이럴 비디오

춤, 공공 장소에서 장난치기, 웃긴 짤, 공연 예술의 확산은
인스타그램, 틱톡, 유튜브, 텐센트 같은 소셜 플랫폼을 통해
활발하게 이루어지고 있는, 부정할 수 없는 대세다.
세계가 경제적 위기, 전염병, 문화적 혼란을 헤쳐 나가고 있는 가운데
비디오는 앞으로도 저항 예술의 핵심 매체로 남을 것이다.

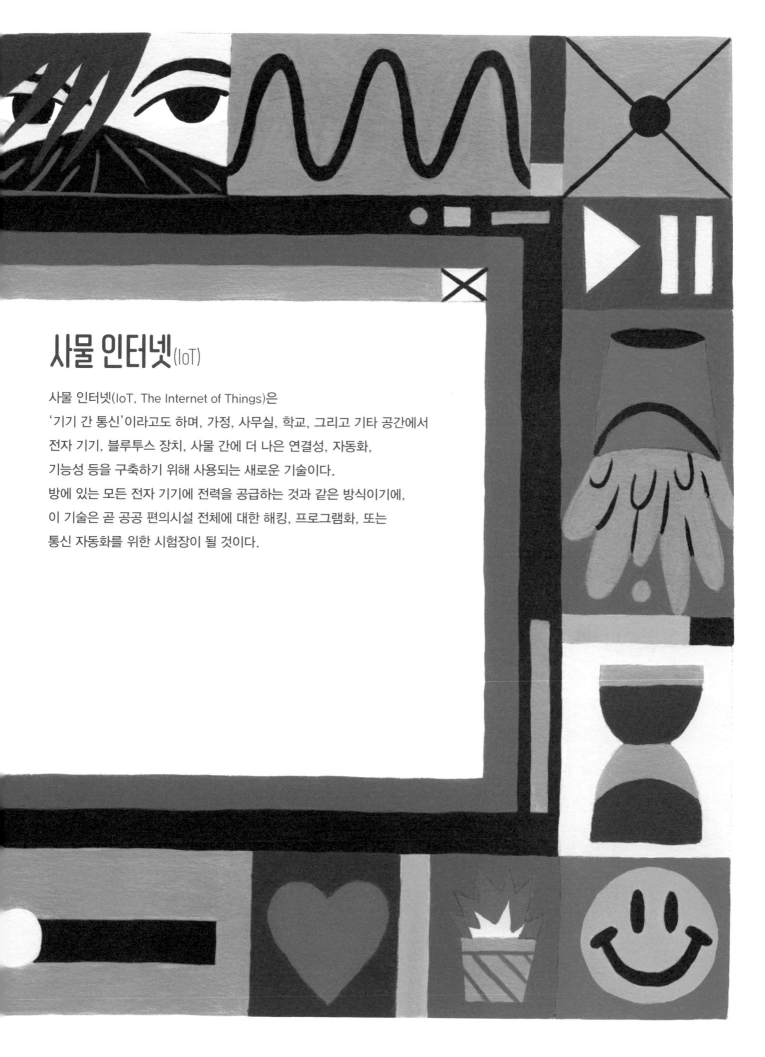

사물 인터넷(IoT)

사물 인터넷(IoT, The Internet of Things)은
'기기 간 통신'이라고도 하며, 가정, 사무실, 학교, 그리고 기타 공간에서
전자 기기, 블루투스 장치, 사물 간에 더 나은 연결성, 자동화,
기능성 등을 구축하기 위해 사용되는 새로운 기술이다.
방에 있는 모든 전자 기기에 전력을 공급하는 것과 같은 방식이기에,
이 기술은 곧 공공 편의시설 전체에 대한 해킹, 프로그램화, 또는
통신 자동화를 위한 시험장이 될 것이다.

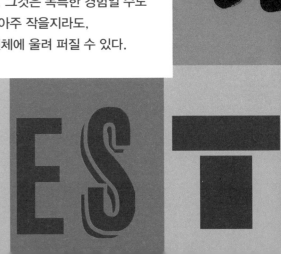

아주 작은 저항의 힘

첨단기술을 활용한 노력과 장기간의 저항 운동 외에도 사회적 저항을
위한 사적이고도 일상적인 표현 역시 그 어느 때보다도 중요하다.
나는 2014년 퍼거슨에서 예술 기획자로서 일하며 '자신에게 포스트잇을
(Sticky Note to Self)'이라는 프로젝트를 개발했다.
내가 기획한 프로젝트 중에서 가장 예언적이고 의미 있는
프로젝트 중 하나이며, 가장 단순하고 가장 개인적인 프로젝트이기도 하다.
디자이너로서 나는 항상 내 생각을 쉽게 정리하기 위해 포스트잇 같은 접착식
메모지를 사용하는 것을 좋아했다. 그러다가 나의 활동주의 성향에 대한
온라인에서의 괴롭힘과 트롤링(인터넷 공간에서 공격적이고 반사회적인
반응을 유발하는 행위)의 희생양이 된 후, 나는 안티들이 나에게 심술궂게
굴 때조차도 '사람은 항상 옳게 행동해야 한다'는 내용의 메모를 작성했다.

그리고 2015년 4월 1일, 이를 포스트잇에 적어 인터넷에 올렸다.
그러자 사랑과 응원의 물결이 쏟아졌다. 나는 성찰의 글을 올리는 일에
거의 반나절을 보냈다. 내가 포스트잇에 적은 내용은 사랑과 상실이라는
주제를 다루고, 경찰 개혁을 옹호했으며, 마음챙김의 연습을 장려하고,
다양한 문제들에 대해 사람들이 느끼는 분노와 좌절감을 내뱉는 하나의 방법으로
작동했다. 다른 사람들도 이 프로젝트에 동참하면서, 나는 의류 제작과 예술 창작,
유튜브 시리즈의 제작 등 콘텐츠를 중심으로 커뮤니티를 발전시켰다.
내가 작성한 포스트잇 중 일부는 도서관과 학교에서 아이들과 가족들에게
시각예술 치료와 성찰하는 글쓰기 법을 가르치는 데 사용되기도 했다.

나는 이렇게 작고 단순한 메모지가 어떻게 그렇게 광범위한 결과물들을
끌어낼 수 있는지 계속해서 감탄하고 있다. 그것이 바로 '작은 저항의 힘'이라고
생각한다. 이는 저항이 반드시 거창해야 할 필요는 없다는 것을 증명한다.
저항의 형태는 원하는 만큼 간단하고 개인적일 수 있다. 그것은 독특한 경험일 수도
있고, 빈번하고 연속적일 수도 있다. 또한 비록 규모가 아주 작을지라도,
물 한 방울이 호수에 미치는 파급 효과처럼 지역사회 전체에 울려 퍼질 수 있다.

분필

예술가 첼시 리터 소로넨이 이끄는 '분필 폭동'은 미국, 호주, 영국 전역의 포장도로와 벽에 작업하는 분필 예술가들로 구성된 국제 커뮤니티다.
분필 예술은 보는 이들에게 즐거움과 기발함을 불러일으킬 뿐 아니라 공동체에 시민 참여, 정치적 행동주의, 인종적 동맹성에 관한 영감을 준다.
저항 예술 매체로서의 분필의 매력 중 하나는 분필로 그린 작품은 일시적이란 점이다. 그래서 페인트나 더 영구적인 매체에 비해 그 쓰임이 더 열려 있다.

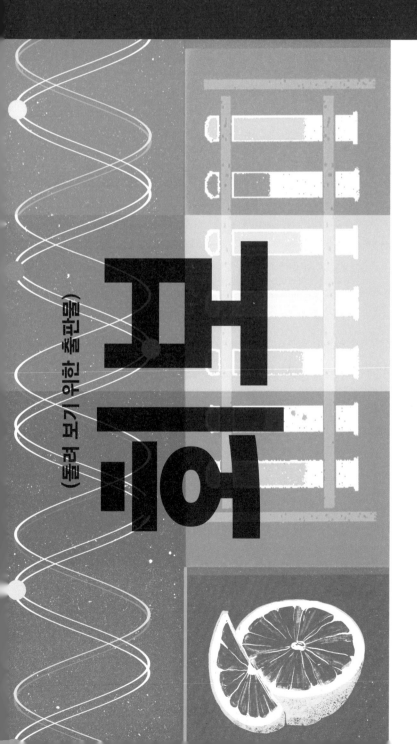

진

(돌려 보기 위한 출판물)

어린 시절 나는 종종 어머니가 보시는 잡지에 실린 낙서와 이미지들을 오리고 어떤 이야기나 주제에 대한 나의 생각을 담은 작은 종이를 접어서 스태플러로 박아 소책자를 만들곤 했다.
책꽂이에는 책들이 가득했지만, 가끔은 내가 만든 소책자가 너무 자랑스러워서 학교 친구들과 내가 좋아하는 것들을 돌려보곤 했다.
대학에 가서야 내가 만든 책자가 '회보'라는 예술 작품의 한 형태임을 알게 됐다.

수제 팸플릿이나 소형 팸플릿의 기원은 작가들이 그날의 정치적 사건에 대한 의견을 발표했던 1700년대로 거슬러 올라간다.
유명한 예는 영국으로부터 미국의 독립을 주창했던 토마스 페인이 제작한 '커먼 센스(Common Sense, 상식)'다.

회보는 '팬 매거진(fan magazine)'이라는 단어에서 비롯됐다. 원래 특정 주제에 대한 개인이나 집단의 관심을 표현하기 위한 목적으로 만들어진 문서였다. 손글씨, 콜라주, 복사, 디지털 형태로 제작할 수 있다. 저항 운동에서 회보는 뉴스와 정보를 배포하고, 변화와 행동을 고취하며, 기술을 가르치고, 복잡한 주제에 대해 사람들을 교육하거나 행동을 문서화하는 데 유용한 도구가 되고 있다.

우리도 해보자!

1. 자신에게 중요한 주제에 대한 의견과 관점을 표현하는 비디오를 만들어보세요.

친구들과 이를 공유하고 그들의 생각을 알려달라고 요청해보세요. 용기가 있다면 다른 사람들과 대화를 시작하기 위해 이를 더 널리 공유하세요.

2. 재미있는 밈(meme)을 만들어 전파하세요.

매력적이거나 코믹한 이미지, 비디오 또는 GIF 파일을 찾으세요. 그런 다음 내가 원하는 사회 정의를 실현하기 위해 할 수 있는 행동을 적은 텍스트를 이미지 파일에 추가해 저항의 메시지로 표현해보세요. 좋아하는 소셜미디어에서 친구들과 공유하고 이 주제에 대해 대화를 나눠보세요.

3. 나만의 저항 회보를 디자인해보세요.

특정 주제에 대한 짧은 책자를 만들어 나의 생각을 공유합니다.
접힌 종이 한 장을 사용해 여러 페이지를 작성하거나
여러 장을 자르고 접고 겹쳐서 만들 수 있습니다.
마커와 펜을 사용해 각 페이지에 내용을 쓰거나 그림을 그립니다.
잡지에서 이미지를 오려내 붙이고 설명을 덧붙이세요.
다 완성하면 내가 만든 회보를 여러 장 복사하고 스태플러로 묶어주세요.
좀 더 용기가 있다면 다른 사람들이 찾아서 읽을 수 있도록
복사본을 여러 장소에 둡니다.

"예술은
보이지 않는 것을
보이게
만드는 것이다."

마르셀 뒤샹

이제 여러분의
차례입니다

우리가 사는 세계는 변하고 발전합니다.
지금도 새로운 아이디어가 무르익고 있습니다.

우리는 인종 평등, 지속 가능한 환경, 경제적 공정성, 성 소수자(LGBTQ+) 권리,
공중보건 등을 위해 계속 싸우고 있습니다. 우리의 행복은 기존 제도 이상을 요구하고
새로운 가능성을 열기 위해 견고한 길을 열어줄 비전, 리더십, 그리고 단결력으로 일어서는
사람들에게 달려 있습니다. 저는 예술가들이 그런 일을 하는 선각자라고 믿습니다.
또한 이 희망찬 여정으로 우리를 이끌어줄 시위대와 운동가들의 목소리와 집단적인 힘을
믿습니다. 여러분이 이야기를 읽고, 예술 작품을 보고, 이 책에서 나눈 저항의 기술을 배우면서,
우리 사회의 창조적인 전사, 즉 '예술운동가'가 되기 위한 역량을 갖추고 영감을 얻기를
간절히 바랍니다. 예술을 통해 자신이 관심을 두고 있는 사회적 대의를 잘 파악하고
창조적 근육을 강화하는 데도 좋은 지침이 되었기를 바랍니다. 마지막으로,
다른 것은 몰라도 예술이 지닌 저항의 힘을 이해하고 믿는 데
이 책이 도움이 되었기를 희망합니다.

De Nichols

디 니콜스

디아나 다가디타(DIANA DAGADITA)

영국 솔렌트 대학에서 일러스트 학사 학위를 받았다.
현재 런던에서 프리랜서 삽화가이자 인쇄 제작자로 활동하고 있다.
2019년 첫 책 『프린터의 ABC』를 출간했다.

라울 오프레아(RAUL OPREA)

'사도'라는 가명을 사용하며 모국인 루마니아는 물론
미국, 캐나다, 오스트리아, 덴마크, 엘살바도르 등 전 세계 갤러리에 작품을
전시해온 현대 화가이자 벽화가, 일러스트레이터다.
루마니아 최초의 거리 예술 단체 중 하나인 '플레이그라운드'의
창립 멤버였다.

올리비아 트위스트(OLIVIA TWIST)

런던에서 활동 중인 일러스트레이터, 미술 조력자, 강사. 영국 왕립 예술대학에서
시각 커뮤니케이션학 석사 학위를 받았다. 쿠엔틴 블레이크 서사 드로잉상 수상자이며,
2019년 타셴이 선정한 세계 100대 일러스트레이터에 뽑혔다.
고객 중에는 웰컴 컬렉션과 위트랜스퍼가 포함돼 있다.

몰리 멘도자(MOLLY MENDOZA)

미국 오리건 주 포틀랜드에 살고 있는 삽화가.

퍼시픽 노스웨스트 예술대학을 졸업했고, 2015년 SOI 학생 대회에서

록스타 게임상을 받았다. 어도비, 뉴욕타임스, 사이언티스 매거진 등에 그림을 그렸다.

2019년에 출간된 그녀의 첫 번째 그래픽 소설 『스킵』은 비평가들의 호평을 받았다.

디에고 베카스(DIEGO BECAS)

칠레 산티아고에서 활동하는 삽화가이자 디자이너, 그래픽 아티스트.

그의 작품은 많은 출판사, 극장, 잡지, 축제에서 사용되어 왔다.

판화, 절단지, 나무, 잉크, 수채화, 아크릴, 손글씨 등을 포함한 전통적인 방법과

재료를 사용하며, 보통 적은 수의 물감을 사용하는 팔레트로 작업한다.

만들기
시작하세요.

변화를
창조하기 시작하세요.

더 나은
세상을 위해
우리가
바꿀 수 있어요.

이미지 저작권

p. 8: Illustration based on a photograph of Nelson Mandela's Post-Liberation Address [second image from top]; photograph by Patrick Durand / Sygma via Getty Images; used by permission.

p. 8: Illustration based on a photograph of Martin Luther King Jr., Close-Up During Speech, circa 1960s [third image from top]; photograph by Universal History Archive/Universal Images Group via Getty Images; used by permission.

p. 8: Illustration based on a photograph of a civil rights march on Washington, D.C. [bottom image]; photograph by Warren K. Leffler/Library of Congress; used by permission.

p. 9: Illustration based on a photograph of De Nichols [second person pictured], St. Louis, Missouri, January 21, 2017; photograph by Steve Truesdell; used by permission.

p. 25: Photographs from the *All Hands On Deck* project by Damon Davis, 2014, used by permission.

p. 27: Illustration of the 'A Man Was Lynched Yesterday' flag derived from a photograph by MPI/Getty Images.

pp. 30–31: *Ignorance = Fear* by Keith Haring, 1989, reprinted by permission of the Keith Haring Foundation.

p. 35: *Ambulance Call* by Jacob Lawrence, 1948, Artifact/ Alamy Stock Photo used by permission.

p. 49: Illustration based on photograph of young John Lewis as national chairman of the Student Nonviolent Committee, at the National Urban League headquarters in New York City on August 23, 1963 [first from left]; photograph by AP/Shutterstock; used by permission.

p. 49: Illustration based on a photograph of John Lewis with Barack Obama [far right]; photograph by White House Photo / Alamy Stock Photo; used by permission.

p. 59: Image based on a photograph of Nadia Nazar dated September 17, 2019, by Eric Baradat/AFP via Getty Images.

p. 61: Image of Helena Gualinga based on a photograph by Allison C. Hanes at One Health Productions.

p. 63: Transgender Pride flag designed by Monica Helms, 1999.

p. 72: Illustration based on *We Can Do It* by J. Howard Miller, 1943 [top centre image]. From the scan of a copy belonging to the National Museum of American History, Smithsonian Institution.

인용 출처

pp. 4–5: 'Art is nothing… the people': quoted in 'Keith Haring; Subway Pop Graffiti Artist,' Los Angeles Times, February 17, 1990, https://www.latimes.com/archives/la-xpm-1990-02-17-mn-439-story.html.

p. 17: 'An artist's duty… the times': Nina Simone: Great Performances: Live College Concerts and Interviews, directed by Andy Stroud (New York: Andy Stroud, 2009), DVD.

p. 25: June Jordan, 'A Song for Soweto,' Lyrical Campaigns: Selected Poems (London: Virago, 1989).

p. 45: 'Everything… politics': quoted in Clifford Coonan, 'An Artist's Struggle for Justice in China,' Independent, February 27, 2010, https://www.independent.co.uk/news/world/asia/an-artist-s-struggle-for-justice-in-china-1912352.html.

p. 57: 'We cannot eat… oil': quoted in Maeve Campbell, 'Vanessa Nakate: The Global South Is Not on the Front Page, But It Is on the Front Line,' EuroNews, October 27, 2020, https://www.euronews.com/living/2020/10/22/vanessa-nakate-the-global-south-is-not-on-the-front-page-but-it-is-on-the-front-line.

p. 58: 'The eyes… upon you': quoted in speech at the United Nations Climate Action Summit, September 23, 2019, https://www.npr.org/2019/09/23/763452863/transcript-greta-thunbergs-speech-at-the-u-n-climate-action-summit?t=1615536378846.

p. 59: 'People don't… universal': quoted in Jenny Heitz, 'Meet Zero Hour's Nadia Nazar: Youth Taking On Climate Change,' Parentology, July 11, 2019, https://www.parentology.com/meet-zero-hours-nadia-nazar-youth-taking-on-climate-change/.

p. 60: 'Change rarely… change': quoted in speech at United Nations Climate Action Summit, September 23, 2019, https://www.earthday.org/young-people-meet-at-un-headquarters-in-nyc-for-first-ever-youth-climate-summit/.

p. 61: 'We must… action': quoted in Linda Etchart, 'Climate Change: Young Indigenous People Speak Out,' Latin American Bureau, October 25, 2019, https://lab.org.uk/climate-change-young-indigenous-people-speak-out/.

p. 63: 'The role… revolution': quoted in 'Mexican Muralism,' The Art Story, https://www.theartstory.org/movement/mexican-muralism/.

p. 73: 'Artmaking is… visible': quoted in Christian Viveros-Fauné 'THE VISIBLE TURN: CONTEMPORARY ARTISTS CONFRONT POLITICAL INVISIBILITY,' https://www.usfcam.usf.edu/cam/exhibitions/2019_1_The_Visible_Turn/The_Visible_Turn.html.

옮긴이

김정한

서울 출생으로 경기고, 연세대 철학과, 연세대 국제학대학원을 마쳤다. 영어교육업체 ㈜디에
치퓨처의 대표이사이며 작가, 번역작가, 콘텐츠 개발자, 출판기획자로도 활동 중이다. 창작
물로는 《북한은 처음이지?》, 《초등 리딩 스타트》, 《50문장으로 끝내는 영어 프레젠테이션》,
《세상에서 제일 맛있는 피자》 등이 있다. 옮긴 책으로는 《무한 투자의 법칙》, 《CEO의 이력
서》, 《습관이 답이다》, 《이상한 놈들이 온다》, 《작은 긍정의 힘》, 《원 퀘스천》, 《마음이 튼튼
한 아이 시리즈》, 《세상을 바꾼 작은 영웅들》, 《몬스터 사이언스》, 《신기한 마법의 괴물사전
주니버스》, 《별들의 이야기》, 《경이로운 지구 우리가 함께 지켜요》 등 다수가 있다.

세상을 바꾸는 예술의 힘

1판 1쇄 인쇄 2022년 4월 22일
1판 1쇄 발행 2022년 5월 16일

지은이 디 니콜스
그린이 디아나 다가디타, 사도, 올리비아 트위스트, 몰리 멘도자, 디에고 베카스
옮긴이 김정한

펴낸이 여종욱

책임편집 안젤라 **디자인** NURI

펴낸곳 도서출판 이터
등 록 2016년 11월 8일 제2016-000148호
주 소 인천시 중구 은하수로229
전 화 032-746-7213 **팩 스** 032-751-7214 **이메일** nuri7213@nate.com

ISBN 979-11-89436-31-5 (43030)

놀이터는 이터의 어린이 출판 브랜드입니다.

값은 뒤표지에 있습니다.
잘못 만들어진 책은 구입처에서 교환해 드립니다.